LA STÉNOGRAPHIE

ET

LA CHIROLOGIE.

STRASBOURG, DE L'IMPRIMERIE DE Ve BERGER-LEVRAULT.

LA STÉNOGRAPHIE

OU

L'ART D'ÉCRIRE AUSSI VITE QUE L'ON PARLE,

SUIVIE

DE LA CHIROLOGIE

OU

L'ART DE CONVERSER AVEC LES MAINS.

Par C. Petitpoisson.

—

Troisième édition.

—

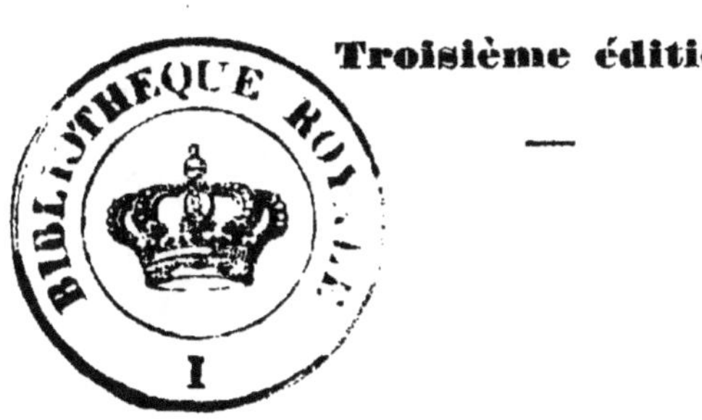

STRASBOURG,

CHEZ LEVRAULT, RUE DES JUIFS, N.° 33.

1840.

AVANT-PROPOS.

L'UTILITÉ de la Sténographie et les immenses
avantages qu'on retire de la pratique de cet
art, sont trop généralement connus pour que
nous y arrêtions nos lecteurs. Qui ignore
que, par son moyen, l'on nous transmet les
discussions des Chambres, les plaidoyers des
avocats célèbres, dont la plupart des discours,
étant improvisés, échapperaient à la connais-
sance du public, après être échappé de la
mémoire des auditeurs et même de celle de
leurs auteurs ? Je me bornerai donc à donner
ici l'historique de cet art aussi beau que l'exé-
cution en est simple et facile.

Les Grecs l'ont connu et l'ont mis en
usage, et c'est à lui que nous devons l'avantage de lire, après plus de deux mille ans, les
sublimes harangues de Démosthènes. Les Ro-
mains, après la conquête de la Grèce, deve-
nus les disciples et les élèves de ceux qu'ils
avaient vaincus, apprirent d'eux à écrire aussi
vite que l'on parle : Cicéron, Jules-César,

Auguste, Sénèque, Titus et d'autres personnages célèbres s'occupèrent de cet art, et le regardaient comme un présent des dieux. Tyro, esclave de Cicéron, lui dut sa liberté et l'amitié de l'orateur romain, comme on peut le voir dans les lettres familières de ce dernier. Cet affranchi était si habile qu'on appela de son nom la sténographie *l'art tyronien.* Les signes dont il se servait, ainsi que ceux des Grecs, se sont perdus. N'appartenant à aucune langue, ils furent sans doute détruits ou brûlés dans le moyen âge, comme des signes magiques et diaboliques. Au commencement du seizième siècle même, Jean Trithème, savant abbé de Wurtzbourg, ayant donné un *Traité de Stéganographie,* c'est-à-dire des diverses manières d'écrire en chiffres, fut accusé de magie, et courut le risque d'être brûlé avec son livre. Enfin, l'Anglais Taylor inventa de nouveaux signes, qui, par leur extrême simplicité, la facilité qu'on a d'en former les mots d'un seul trait de plume, ont atteint le but, celui de pouvoir suivre la parole d'un orateur qui parle en public. Ce sont ces signes que Bertin a adaptés aux sons de la langue française, qui sont la base de la sténographie que nous donnons au public, avec quelques modifications dans ceux qui représentent les voyelles et les diphthongues.

Aujourd'hui la sténographie est d'un usage presque général chez tous les peuples de l'Europe, et fait partie d'une éducation soignée.

Notre méthode est applicable à toutes les langues. Nos anciens élèves Allemands qui la pratiquent, n'ont pas eu à inventer aucun autre signe que ceux que nous leur avons donnés pour écrire tous les mots de leur langue; ils ont été seulement obligés d'en modifier les sons d'après leur idiome, et ils nous ont dit qu'avec nos signes, ils écrivaient, en allemand comme en français, aussi vite que l'on parle, avantage que l'on ne pourrait obtenir, si, comme dans la méthode de Bertin, on supprimait tous les sons des voyelles médiantes, et si l'on se contentait de n'écrire que les consonnes qui entrent dans la composition des mots.

Nous avons divisé notre méthode en quatre leçons, qui suffisent pour connaître et pratiquer cet art. Nous conseillons à nos élèves de ne passer au second tableau que lorsqu'ils sauront bien les signes du premier, et ainsi de suite. Quand ils les connaîtront tous, ils s'exerceront, en se faisant dicter d'abord lentement, et progressivement plus vite, à mesure qu'ils deviendront plus habiles. Nous leur recommandons aussi de suivre la parole des professeurs dans leurs cours. Nous avons encore remarqué que, suivre la déclamation d'un bon acteur au théâtre, est un excellent exercice pour parvenir à écrire vite dans peu de temps.

Nous avons cru faire plaisir aux amateurs, en ajoutant à cette nouvelle édition notre méthode de *Chirologie*[1], art qui, comme on le verra, quand nous en parlerons, peut être aussi avantageux qu'agréable à pratiquer dans une société.

---

[1] Prononcez *kirologie*.

LA STÉNOGRAPHIE.

La sténographie, ne représentant que les sons et le silence qui les sépare, n'admet ni orthographe ni ponctuation dans son écriture; mais le sténographe rétablit l'une et l'autre dans ses transcriptions.

Le sténographe joint simplement les uns aux autres les signes absolument nécessaires à la formation des sons, supposant, pour plus de célérité, l'*e* muet entre et après toutes les consonnes, et ne sépare les phrases, en suivant la parole d'un orateur, que par des vides plus ou moins longs, selon la durée du silence.

Il supprime, 1.° l'*e* muet partout où il le rencontre; 2.° l'*é* fermé et l'*è* ouvert, et leurs sons identiques, comme *ai, oi, aient*, etc., quand ils ne sont pas au commencement ou à la fin des mots; 3.° les voyelles *a, i, o, u, eu, ou*, et leurs identiques, si elles ne sont pas initiales ou finales, ou placées immédiatement après la première consonne du mot, ou après deux premières consonnes groupées, comme *bl, cr, fl*, etc.; 4.° le *h* muet ou aspiré; 5.° une consonne, lorsqu'il y en a deux de suite, comme dans som*m*eil, commencement, etc.; 6.° l'apostrophe; en sorte que l'on écrit sténographiquement la pièce suivante, comme dans les interlignes.

L'IGNORANCE.

lignrans

Devrait-on priser la science
  dvrè on prisé la sians
Qui sèche et consume un auteur ?
  Ki sch è consm un otr
Est-il heureux ? Non : le bonheur
  è il eureu non l bonr
N'est réservé qu'à lignorance.
  né rsrvé ka lignrans
De tout, sans avoir rien appris,
  d tou san avoir riin apri
C'est l'ignorance qui décide ;
  cè lignrans ki dsd
Elle est le fanal et le guide
  el è l fanl è l gid
De nos prétendus beaux esprits.
  d no prtandu bo espri
Elle censure la vaccine,
  el sansr la vaksn
Et, de concert avec les sots,
  è d consr avk lè so
Va répétant qu'on assassine
  va rptan kon assn
L'enfant qu'une saine doctrine
  lanfan kun sn doctrn
Sauve du plus grand des fléaux.
  sov du plu gran dè flo
Pour elle il n'est rien d'invisible ;
  pour el il nè riin dinvsbl

Elle sait tout; elle a tout su :
el sè tou el a tou su

Dès longtemps elle avait prévu
dè lontan el avè prvu

Ce qu'on n'avait pas cru possible.
s kon navè pa cru posbl

Si, par un prodige inouï,
si par un prodj inoui

Nous conquérions un jour la lune,
nou konkrion un jour la lun

Je gage qu'elle eût pressenti
je gaj kl u prsanti

Encor cette bonne fortune.
ancor st bon fortn

L'ignorant donne aussi le ton
lignran don osi l ton

Aux cercles de nos femmelettes;
o srcl d no famlt

Il a du caquet, du jargon,
il a du kakè du jargon

Et tout ce qui plaît aux caillettes.
è tou s ki plè o caylt

Sur leurs goûts les plus dominants
sur leur gou lè plu domnan

Il disserte avec complaisance.
il disrt avk conplsans

Si, par de fâcheux contre-temps,
si par d facheu contr tan

Le sucre manquait à la France,
l sucr mankè a la frans

L'ignorant leur promet d'avance
lignran leur promè davans

Qu'on en tirerait d'Orléans.
kon an tirré dorlan

Rien ne l'arrête et ne l'étonne;
riin n lart è n ltn

De lui sans cesse satisfait,
d lui san ss satsfè

Il parle, il fronde, il déraisonne....
il parl il frond il drsn

Voilà l'ignorant trait pour trait;
voilà lignran trè pour trè

Et lorsque la soif de la gloire
è lorsk la soif d la gloir

Brûle et dévore le savant,
brul è dvr l savan

L'ignorant dort profondément,
lignran dor profondman

Peu soucieux de sa mémoire.
peu soucieu d sa mmoir

Si l'ignorant seul peut dormir,
si lignran seul peu dormr

Grâces à son insouciance,
gras a son insousians

Amis, abjurons la science....
ami abjron la sians

Non, jaloux de nous affranchir
non jalou d nou afranchr

Des lisières de l'ignorance,
dè lisier d l'ignrans

Ne vivons que dans l'avenir.
n vivon k dan lavnr

Telle fut l'unique espérance
tl fu lunk esprans

> De nos savants, de nos héros,
> *d   no   savan   d   no   éro*
>
> Qui datèrent leur existence
> *ki   datr   leur existans*
>
> Du moment seul où leurs travaux
> *du moman seul ou leur   travo*
>
> Les signalèrent à la France.
> *lè   signlr   a la frans*

BLANCHARD DE LA MUSSE.

On vient de voir par la transcription interlinéaire de la pièce ci-dessus, quelles sont les difficultés que l'on reproche à la sténographie ; difficultés qui disparaissent totalement après quelques jours d'exercices. Au reste, tout art ne commence qu'au delà des connaissances qu'il admet comme acquises, et que très-conséquemment il est dispensé de donner. La sténographie suppose donc que, pour l'étudier, on sache au moins passablement sa propre langue. Ne craignez donc point, lecteur, de vous livrer à l'étude de cet art, si vous pouvez lire ce qui suit.

On n sorè douté d lutlté d la stngrfi pour 1 progrè dè sians é dè ltr par la faslté kl don pour rekcuir avk un prssion admrbl lè discr dè om élokan ki parl an publk el a plu dun foi srvi a justfié linsan é a convinkr 1 koupbl dans lè tribno an fiksan an klk sort dè dpssion oral k lè prosè vrbo n rkeui pa avk la mm egskttd la stngrfi è un instrman d plus antr lè min dè om pour doné d la prmnans o idé fiksé 1 diskr é akroitr insi la mas dè konsans lknmi du tan doi êtr osi konté pour klk chos par lom studieu é labrieu ki o moiin d st ar é mm san i êtr ancor biin vrsé parviin a écrir troi foi plu vit k par lkrtr ordnr.

On ne peut nous opposer comme une difficulté insurmontable la lecture des fréquents homonymes qui doivent se rencontrer dans cette écriture. Sans doute, nous écrivons de la même manière *ceint*, *cinq*, *saint*, *sein*, *seing;* mais tous ces mots se prononcent de même, sans que personne les confonde dans la langue parlée.

Une autre objection, qui tombera aussi d'elle-même, est celle-ci : il est impossible de déchiffrer les termes techniques usités dans les sciences, les arts et les métiers, ainsi que les noms propres, lorsqu'ils sont écrits en sténographie. Eh pourquoi pas? Ces mots ne se rendent-ils pas par des sons? D'ailleurs, de deux choses l'une : ou le sténographe suit la parole d'un orateur, ou il travaille dans le silence du cabinet; dans le premier cas, l'orateur modifie toujours les termes techniques qu'il emploie, et ils ne sont jamais isolés dans son discours. Prenons pour exemple les deux termes de médecine *antipyrétique* et *antipyrotique*, qui s'écriraient tous deux *antiprtk* avec les suppressions sténographiques. Qu'un professeur de médecine ait donc dit, en employant le premier : *L kinkna è ancor l myeur antiprtk;* et, en employant le second : *Lè ppin d koin son un ekslan antiprtk.* Si le sténographe est médecin, il ne confondra certainement pas l'un avec l'autre; s'il ne l'est pas, il a les deux syllabes *anti*, au moyen desquelles il peut recourir à un dictionnaire. Dans le second cas, le sténographe n'a-t-il pas la faculté d'écrire ces mots avec nos signes médiants, et conséquemment en toutes lettres?

Quant aux noms propres, ou ils désignent des lieux célèbres, ou d'autres peu connus; ou bien encore, ces noms propres sont historiques, ou ils sont ceux d'hommes obscurs. Il y aurait une ignorance crasse à ne pas pouvoir lire les premiers, même avec les suppressions sténographiques; et les autres peuvent s'écrire en toutes lettres. Nous écrirons donc ainsi *rolan*, neveu de Charlemagne, tué à Roncevaux, sans craindre de le confondre avec un nommé *Rolland*, quoique ce dernier ait refait, dit-il, plus de huit mille mots de notre langue. Le premier, comme on sait, pourfendait les hommes; le second, comme on voit, faisait des béquilles aux mots. Qui pourrait prendre l'un pour l'autre? Nous le demandons encore, quel est celui qui ne lirait pas les phrases suivantes, pour peu qu'il ait de connaissances en géographie et en histoire?

Jè prfré manbrké a boulgn ka kalé koik l trajè par st drnier vil soi moin lon d dcu cur.

Bolgn è slbr par sa charktri sè pourkoi on la surnmé la gras.

L mdsin d pirs éyan ofr a fabrss danpoisoné son mtr s gran om an avrti son enmi ki scria il srè plu fasl d dtrné l soleil d sa cours k fabrss d la vrtu.

Vitkind fu vinku par la dousr d Charlmgn é non par lè arm.

O voltr o rouso k vo dtrctr son fbl contr vo jni imortl.

Ignas d loyla fu l fondtr d st ordr fameu k pour la surté d leur vi é d leur courn é pour la tranklté d leur sujè lè roi eksplsr d leur éta.

Lè farsiin aïsè jsu é l fir mourr parskl dmska leur ipocrsi lè ipocrt dojrdui dis émé jsu an aïsan é prsktan seu k s divin ljsltr rkmand tan dmé é d skrr.

Après avoir ainsi préparé nos lecteurs à l'étude de la sténographie, et leur avoir prouvé que l'ignorance seule peut y trouver des difficultés, nous allons en donner les règles simples et peu nombreuses.

PREMIÈRE LEÇON.

PREMIER TABLEAU.

Ce premier tableau renferme seize consonnes. On commence à les former par l'endroit où l'on voit un point. On les lie les unes aux autres sans lever la plume.

Les lettres *b*, *l*, *m*, *p*, *ch*, ont chacune un signe sténographique double, qui s'emploie dans le corps du mot à la volonté du sténographe, ou plutôt selon que la liaison avec le signe suivant est plus agréable à l'œil, plus horizontale, ou qu'elle est plus expéditive et plus facile à faire.

Lorsque deux mêmes consonnes se suivent sans être séparées que par le son d'un *é*, on les exprime en allongeant du double le signe qui se fait par un trait ou par un demi-cercle, et en doublant la boucle des lettres *b*, *l*, *m*, *p*, comme dans les mots *cesse*, *l'aîle, même, naine, tête ;* on verra dans la troisième leçon qu'il en sera de même pour les mots *coq, dodu, fifre, goguenard, pape, juge, rare, veuve,* etc.

Pour retenir facilement les signes de ce tableau, l'élève copiera, comme nous allons le faire, plusieurs pages d'un livre quelconque, en employant les signes sténographiques pour les premières consonnes des mots, et les lettres ordinaires pour le reste, quand il sera arrêté par une voyelle. Boileau étant entre les mains de tout le monde, nous prenons pour exemples le commencement du Lutrin. Les lettres en italique doivent être écrites en caractères usuels, les autres en consonnes sténographiques.

J chant *le conba* d s prla trbl,

K*i* par *sé* lon travo *é* sa fors *invinsbl,*

D*an* un *ilustr eglis egsrsan* son gran keur,

F*i* pla*sé a* la fin *un lutrin* dan l keur,

S*é an vin* k l chantr, *abusan* dun fo titr,

Deu foi lan fi oté par lé min du chaptr :

S prla, sur l ban d son rivl altié,

Deu foi l rprtan, lan couvri tou antié.

Mus, rdi moi don kl *ardr* d *vanjans*

D sé *om sacré* ronpi *lintljans,*

É *troubla* si lon tan deu slbr rivo.

Tan d fiel antr il dan lam dé dvo !

É toi fameu éro don la saj antrms

D s ch*ism* nsan dbrsa lgls,

Tin dun rgr *eureu* animé mon projé,

É g*u*toi d rir an s grav sujé.

SECONDE LEÇON.

SECOND TABLEAU.

Les signes des voyelles initiales ne se lient point avec les consonnes.

Lorsque les voyelles de ce tableau forment à elles seules des mots, on les prend pour rendre ces mots, comme dans cette phrase : il *a* été *à* Paris *en* deux jours, *et* il *en est* revenu *en* trente heures.

Quand on connaît bien la sténographie, la plupart de ces voyelles peuvent être omises.

EXERCICE.

NB. Écrivez en sténographie les lettres et les mots qui ne sont pas en italique.

Parmi lé dou plsr *dun* pé *fratrnl*
Pari voié fleurr *son* an*tik* chap*l :*
Sé cha*noin* vrme*il* é br*ilan* d san*té*
Sangrsé dun long é si*nt* oisi*vté;*
San sor*tr* d leur l*i* pl*u* dou k *leur* ermn,
Sé *pieu* fnan fsé cha*nté* ma*tn,*
Veilé a b*iin* diné, é lsé an *leur* l*ieu*
A dé cha*ntr* gajé l s*oin* d loué **Dieu** :
Kan la discrd, ancor tou*t* noir d cr*im,*
Sortan dé *cordlié pour* alé o m*inm,*
Avk st er id*eu* k*i* fé frmr *la* pé,
S*arta* pré *dun* arbr o p*ié* d *son* palé.
La dun euil at*antf contanplan son* anp*ir,*
A laspé *du* tum*lt* el mm s*admr.*
El i *voi* par l *coch* é dvreu e *du man*
Acourr a gr*an* flo sé fi*dl* nor*man :*

El i voi abordé l marki, la conts,
L bourjoi, l manan, l klrjé, la nobls;
E partou dé pldr lé escdron épar
Fr otour d tms floté lé étandr.
Mé un égls seul a sè yeu imobl
Gard o sin du tumlt un asiet trankl :
El seul la brav; el seul o prosè
D sé psbl mur veu dfandr laksé.
La discrd, a laspé dun kalm ki lofans,
Fé siflé sè srpan, skst a la vanjans :
Sa bouch s ranpli dun poison odieu,
É d lon tré d feu lui sort par lé yeu.

   Koi! di el dun ton ki fi tranblé lé vitr,
Joré pu jusksi brouilé tou lé chaptr,
Divsé cordlié, karm c slstin;
Joré fé soutnr un siéj o ogustin :
É st égls seul, a mé ordr rbl,
Nourra dan son sin un pé étrnl!
Suij don la discrd? É, parmi lé mortl,
Ki voudra dsrmé ansansé mé otl?

   A sé mo, dun boné couvran sa tt énorm,
El pran dun vieu chantr c la tail é la form :
El pin d bourjon son visj grié,
É san va d s pa trouvé l trsrié.

TROISIÈME LEÇON.

TROISIÈME TABLEAU.

Les points marqués dans ce tableau remplacent ici
les signes auxquels on attache les sons des voyelles ou
diphthongues médiantes.

Les voyelles simples *a*, *i*, *o*, *u*, *ou*, *eu*, commencent toujours la première consonne; mais, par convention, cette voyelle ne se lit qu'après cette consonne.

Lorsque dans la composition d'un mot tel que *ami*, *abus*, *habit*, etc., il n'y a qu'une consonne qui se prononce, on peut prendre les signes, *a*, *i*, *o*, *u*, *eu*, *ou*, comme voyelles initiales : très-grand moyen d'abréviation.

Les sons *o*, *ou* se rendent pour les consonnes *b*, *l*, *m*, *p*, en prenant le second signe du premier tableau, qui donne ces lettres en sténographie, mais seulement quand ces voyelles sont au commencement du mot; car, plus loin dans le corps du mot, elles se suppriment. Ces mêmes sons se rendent dans le *ch*, en doublant la petite boucle de ce signe.

Le signe de l'*y* dispense de l'*l* mouillée; ainsi on écrira *accueil*, *paille*, *vermeil*, comme *akeuy*, *pay*, *vermey*.

L'usage apprendra la forme la plus agréable que l'on doit donner aux voyelles médiantes, en les liant aux consonnes. Il faut toujours tâcher que l'écriture sténographique soit le plus horizontale qu'il est possible.

Exercice sur les trois tableaux connus.

Dan l rd*ui* obscr dun alkv anfons*é*
Slv un l*i* d plum a *gran* fré amasé :
Katr rid*o* ponp*eu*, par un doubl contr,
An dfand lantr*é* à *la* clarté d*u* jour.

La, parmi lé dousr dun trankl silans,
Rgn sur l duvé un eureus indolans :
Sé la k l prla, muni dun djné,
Dorman dun ljé som, atandé l diné.
La jeuns an sa fleur bril sur son visj :
Son manton sur son sin dsan a doubl étaj :
É son cor ramsé dan sa court grosr
Fé jmr lé cousin sou sa mol épsr.

    La ds an antran, ki voi la nap mis,
Admr un si bl ordr, é rkné lgls;
É marchan a gran pa vr l lieu du rpo,
O prla somyan el adrs sé mo :

    Tu dor, prla, tu dor, é la o a ta plas
L chantr o yeu du keur étal son odas,
Chant lé orms, fé dé prossion,
É rpan a gran flo lé bndksion.
Tu dor! atan tu don k, san bul é san titr,
Il t ravs ancor l roché é la mitr?
Sor d s li oiseu ki t tiin ataché,
É rnons o rpo, ou biin a lvché.

    El di, é, du van d sa bouch profn,
Lui soufl avk sé mo lardr d la chikn.
L prla s rvy, é, plin dmsion,
Lui don toutfai sa bndksion.

    Tl kon voi un toro kun gp an furi
A piké dan lé flan o dpan d sa vi;
L suprb anml, ajité d tourman,
Egsl sa doulr an lon mujsman :
Tl l fougeu prla, k s sonj épouvant,
Krl an s lvan é laké é srvant;
É, dun just courou ralman sa vigr,

Mm avan l diné, parl dalé o keur.
L prdan Jilotin, son omonié fidl,
An vin par sé conscy sajman l rapl ;
Lui montr l prl, k midi va soné ;
Kil va fr, sil sor, rfroidr l diné.

Kl furr, di il, kl aveugl caprs,
Kan l diné é pré, vou apl a lofs?
D votr dignté soutné mieu lcla :
Es pour travyé k vou ct prla?
A koi bon s dgou é s zl inutl ?
È il don pour jeuné katr tan ou vijl?
Rprné vo espri, é souvné vou biin
Kun diné rchfé n valu jamé riin.

Insi di jilotin : é s minstr saj
Sur tabl, o mm instan, fè srvr l potj.
L prla voi la soup, é, plin dun sin rspé,
Dmr klk tan mué a st aspè.
Il sd, il din anfin : mè toujr plu farch,
Lé morso tro até s prs dan sa bouch.
Jilotin an jmi, é sortan d furr,
Ché tou sé partsan va smé la trr.
On voi courr ché lui lcur troup épardu
Kom lon voi marché lé batyon d gru,
Kan le pigmé altié, rdblan sè éfor,
D lbr ou du strimon viin dokpé lé bor.
A laspé inprvu d leur foul agrbl,
L prla radsi veu s lvé d tabl :
La koulr lui rné, sa voi chanj d ton ;
Il fé par jilotin raprté un jambon.
Lui mm l prmié, pour onoré la troup,
Dun vin pur é vrmey il fè ranplr sa koup ;

Il lavl *dun* tré; é chak*un* limt*an*,
La cruch o larj vantr è vuid an un instan.
Sit*o* k du nktr *la* troup è abrv*é*,
On dsr : é soud*in*, la nap ét*an* lvé,
L prl*a*, dun *voi* konfrm a s*on* malr,
Leur konf*i* an s*è* m*o* s*a* tro just doulr.

On voit ici que l'élève n'a plus que peu de lettres usuelles à employer; que cette écriture est très-facile à lire pour celui qui connaît sa langue, et que c'est à tort qu'on reproche à l'art de faire des omissions de lettres, qui, disait-on, en rendent l'écriture sinon illisible, du moins très-pénible.

QUATRIÈME ET DERNIÈRE LEÇON.

QUATRIÈME TABLEAU.

Voyelles et diphthongues finales.

Les voyelles finales, comme on peut le voir dans ce tableau, sont rendues, à quelques-unes près, par les mêmes signes que les médiantes; nous n'avons donc qu'à faire remarquer aux élèves la manière dont on les joint aux signes qui les précèdent, et qui sont représentés par des petits points, et de leur recommander la liaison la plus agréable à l'œil.

Les syllabes finales *an, in, on, un, oin,* peuvent aussi rendre leurs terminaisons féminines *ane, ine, one, une, oine.*

Exercice.

Dans cet exercice l'élève écrira tout en caractères sténographiques.

Ilustr conpgnon d mè long fatg,
Ki mavé soutnu par vos pieus lig,
É par ki, mtr anfin dun chaptr insansé,
Scul a magnfkt j m voi ansansé;
Soufrré vous toujr kun orgucyeu moutrj,
K l chantr a vo ycu dtruis votr ouvrj,
Usurp tou mè droi, é, sglan a moi,
Don a votr lutrin é l ton é la loi?
S matin mm ancor, s nè poin un mensonj,
Un divnté m la fè voir an sonj;
Linslan, sanpran du frui d mè travo,
A prononcé pour moi l bndkt vos!
Oui, pour mieu mgrjé, il pran mè propr arm.
    L prla a sè mo vrs un toran d larm.
Il veu, mè vnman, poursuivr son diskr;
Sè sanglo rdblé an art l cour.
L zlé jilotin, ki pran par a sa gloir,
Pour lui randr la voi fè raprté a boir :
Kan sidrak a ki laj alonj l chemin,
Ariv dan la chanbr, un baton a la min.
S vycar dan l keur a dja vu katr aj;
Il sè d tou lè tan lè difran usaj :
É son rar savoir, d sinpl marglié,
Llva par dgré o ran d chvsié
A laspé du prla ki tomb an dfyans,
Il dvn son mal, il s rid, il savans;
É dun ton pàtrnl rprman sa doulr :
    Ls o chantr, di il, la trists é lè pleur,
Prla; é, pour sové tè droi é ton anpir,
Ékout sculman s k l siel minspr :
Vr st androi du keur ou l chantr orgeuyeu

Montr, asi a ta goch, un fron si soursyeu,
Sur s ran dè sré ki form sa clotr
Fu jadi un lutrin dingl struktr,
Don lè flan élarji d leur vast contr
Onbrjè plnman tou lè lieu dalantr.
Drièr s lutrin, insi ko fon dun antr,
A pn sur son ban on disrnè l chantr:
Tandi ka lotr ban l prla radieu,
Dkvr o gran iour atirè tou lè yeu.
Mè un dmon, fatl a st anpl machn,
Soi kun min la nuit u até sa ruin,
Soi kinsi d tou tan lordna l dstin,
Fi tonbé a no yeu l puptr un matin.
Ju bo prandr l siel é l chantr a parti,
Il falu lanprté dan notr sacrsti,
Ou dpui trant ivr, san gloir ansvli,
Il langi tou poudreu dan un onteu oubli.
Antan moi don, prla dè k lonbr trankl
Viindra dun krp noir anvlpé la vil,
Il fo k troi d nou, san tumlt é san brui,
Part a la favr d la nsant nui,
É, du lutrin ronpu runsan la mas,
Ayl dun zl adroi l rmtr an sa plas.
Si l chantr dmin os l ranvrsé.
Alor d san arè tu l pcu trsé.
Pour soutnr tè droi, k l siel otors,
Abim tou pluto : sè lspri d lgls :
Sè par la kun prla signl sa vigr.
N born pa ta gloir a prié dan un keur :
Sè vrtu dan alt pcuv être an usaj;
Mè dan pari, pldon; sè la notr partj.

Tè bndksion dan l troubl croisan,
Tu poura lè rpandr é par vin é par san;
É pour bravé l chantr an son orgucy ckstrm,
Lè rpandr a sè yeu, è l bnr lui mm.
   S discr osito frap tou lè espri;
É l prla charmé laprv par dè cri.
Il vcu k sur l chan, dan la troup on choiss
Lè troi k dieu dstn a s pieu ofis;
Mè chakun prtan par a st ilustr anploi.
L sor, di l prla, vou srvra d loi.
K lon tir o byè seu k lon doi élir.
Il di, on obi, on s prs derr.
Osito trant non sur l papié trasé,
Son o fon dun bonè par byè antsé
Pour tiré sè byè avk moin dartfs,
Giyom, anfan d keur, prt sa min novs :
Son fron nouvo tondu, sinbl d candr,
Rouji, an aprchan, dun ont pudr.
Spandan l prla, leuy o siel, la min nu,
Bni troi foi lè non, é troi foi lè rmu.
Il tourn l bonè : lanfan tir; é brontin
È l prmié dè nom kaprt l dstin.
L prla an konsoi un favrbl ogur,
É s non dan la troup ckst un dou murmr.
On s tè; é biinto on voi partr o jour
L non, l fameu non du prkié lamour
S nouvl adons, a la blond crinicr,
È lunk sousi dan sa prkièr :
Il sadr lun lotr; é s coupl charman
S'uni lont-an, di on, avan l sacrman :
Mè, dpui troi moison, a leur sin asanblj

Lofsl a join l non d marj.

S prkié suprb è lfroi du kartié,

É son kourj è pin sur son visj altié.

Un dè non rst ancor, é l prla par gras

Un drnier foi lè brouy é lè rss.

Chakun croi k son non è l drnié dè troi.

Mè k n di tu poin, ilustr port croi,

Boirud, sacrstin, chr apui d ton mtr,

Lorsko yeu du prla tu vi ton non partr!

On di k ton fron jon, é ton tin san coulr,

Prdi an s moman son antk palr;

É k ton cor gouteu, plin d'un ardr grièr,

Pour soté au planché, fi deu pa an arièr.

Chakun bni tou o larbtr dè umin

Ki rmè lcur bon droi an d si bon min

Osito on s lv, é lasanblé an foul,

Avk un brui konfu, par lè port scl.

   L prla rsté seul kalm un pcu son dpi,

É jusk o soupé s kouch é saspi.

Autres abréviations que l'on peut faire en sténographie.

La transcription syncopée du premier chant du Lutrin peut déjà donner une idée de la vitesse que l'on gagne, en s'en servant, sur l'écriture ordinaire. Si, après cela, on considère que presque tous les mots se forment en sténographie d'un seul trait de plume, on concevra comment il est possible de suivre la parole d'un orateur. Enfin, si cet art est pratiqué par un homme instruit, on ne s'étonnera plus qu'Aulu-

Gelle ait écrit : *Jeune et habile sténographe, dis-moi quel dieu t'a révélé ma pensée pour que tu la couches sur les tablettes avant que je l'aie prononcée.*

Cet habile sténographe auquel s'adressaient les paroles du célèbre grammairien, savait sa langue; il pouvait omettre sous la dictée des articles, des pronoms, des prépositions et des conjonctions, et les rétablir dans sa transcription; il pouvait encore écrire en caractères sténographiques *micus*, et retrouver *amicus* dans sa lecture. Un sténographe français instruit qui aurait écrit sténographiquement, en suivant la parole d'un orateur sacré : *Viindron vou parlé d l dsintrsman évan vou dmand vou abonié a srmon un spctcl pui exij vou prté objè luks vou posdé élvé otl otl*, ne transcrirait-il pas : Ils viendront vous parler de leur désintéressement évangélique, en vous demandant que vous vous abonniez à leurs sermons comme à un spectacle, puis ils exigeront que vous leur prêtiez les objets de luxe que vous possédez, pour élever autel contre autel.

On peut donc, quand on sait sa langue, faire encore les suppressions suivantes.

1.º Bien des voyelles initiales, telles que *a* dans *amitié, mitié; articulation, rticlsion*, etc.; *e* dans *éternelle, trnl; épouvante, pouvante*, etc.; *i* dans *imaginaire, majnr; illumination, lumnsion*, etc.; *o* : *opération, prsion; obstacle, bstkl*, etc.; *ur* : *urbanité, banté; humainement, mnman*, etc.; *an* : *entendement, tandman; ambition, bision*, etc.; *in* : *intéresser,*

trsé; introduction, trodksion, etc.; *on : honteusement,
teusman,* etc.; *ou : ouragan, ragan,* etc.

2.° La finale *ment* dans tous les adverbes de manière.

3.° Les articles, beaucoup de pronoms, de prépositions et de conjonctions.

4.° Enfin, l'orateur répète souvent le mot qui fait le sujet de son discours. Dans ce cas, le sténographe se contentera, pour remplacer ce mot, de tracer une ligne horizontale trois fois plus longue qu'il ne fait le signe du *s*.

De la ponctuation.

Il est sans doute impossible à un sténographe qui écrit sous la dictée, de ponctuer les pensées émises par l'orateur qu'il suit; mais comme cet art peut remplacer l'écriture ordinaire dans bien des cas; qu'il est surtout un moyen de correspondance, la ponctuation est nécessaire dans des copies et dans des lettres familières. Nous allons donner seulement un signe pour la virgule et le point final. On fera donc la première ainsi 9, par un petit neuf; le point par un *o;* le deux-points, le point-virgule et les autres signes comme à l'ordinaire.

Transcription des mots écrits en sténographie dans les quatre tableaux.

PREMIER TABLEAU.

b,   Baisse, bec, bègue, belle, bête, bèche, blême, brême, berne, braise.

c, s, z,   Sec, cède, sais-je, zèle, sèment, saine, cep, serre, cette, séve, sèche, saigne.

c, q, k,   Caisse, qu'ai-je, quel, quête, crême, crêpe, Crète, craigne, crêche, crévèrent, Krémer.

d,   D'elle, d'air, dette, daigne, démettre, dresse, dé-terre, détérèrent, daignèrent, Dresde, décède, décédèrent, d'Esther.

f,   Fais-je, faire, fête, fève, faine, ferme, fermèrent, fenêtre, fêtèrent, frêne.

g (dur)   Gaine, guêpe, guerre, guette, grec, grêle, grève, grévèrent, graisse, graissèrent.

g, j,   J'aide, gèle, j'aime, gêne, jette, jetèrent, germe, germèrent, geste, genêtre, Gerbe, Genève, Gênes.

l,   Laisse, laide, lègue, l'aime, laine, l'air, lève, lèche, leste, levèrent, lestèrent, lettre.

m,   Messe, Mèdes, mêle, mène, mère, mette, mèche, mettre, maîtresse, menèrent.

n,   N'aide, nef, n'aime, nette, neige, n'émettre, naître, nécessaire, n'aimèrent, n'étrénèrent.

p,   Pèse, pelle, peine, pette, père, pèche, peigne, prête, prêtèrent, permettre, prêche, prêchèrent.

r,   Roide, reine, rêve, règne, remettre, renaître, reste, restèrent, régnèrent, refaire, rêvèrent.

t,   Thèbes, taise, t'aide, t'ai-je, tel, t'aime, taire, teigne, terrestre, terme, ténèbres, traite, traitèrent, téméraire, traîne.

v,   Vais-je, vaine, verre, verse, versèrent, vénèrent, verge, vergettèrent, verbe, vertèbre, Weser.

ch,   Chaise, chef, chaîne, cher, cherche, cherchèrent.

Cesse, d'aide, l'aile, même, naine, tête.

DEUXIÈME TABLEAU.

a,   Astre, âcre, affaire, afferme, affermèrent, amène, amenèrent, Annette, arbre, haleine.

é, è,   Équerre, Éphèse, aigre, Hélène, être, éternelle, étrenne, émettre, Esther, herbette.

i,   Isthme, hymen, inerte, Ypres, hiver, hivernèrent, Irène.

o,   Homère, offre, offerte, ogre, omelette, honnête, ordre, otèrent, autel, obère.

u,   Usèrent, humecte, humectèrent, ulcère.

ou,   Outre, ouvre, ouverte.

eu,   Euterpe.

an,   Amble, ambre, ensère, emmène, emmenèrent, antre, enchère, enfermèrent.

in,   Insère, Indre, infère, ingère, impair, intéresse, intéressèrent.

on,   Ombre, ombrelle, once, ongle, oncle, hongre, honte, ombrèrent.

un,   Humble.

oi,   Oise, Oie.

oin,   Oindre.

ui, Huitaine.

oui, Ouir.

ié, ieu, Hier, hièble.

  ia, Hyade.

  io, York.

TROISIÈME TABLEAU.

a, Baromètre, sabre, cadre, cratère, drame, femme-lette, gardèrent, j'arme, charme, larme.

i, Bicêtre, Sicile, dîne, crime, fifre, j'ignore, liste, misère, pipe, rire, Tibre.

o, ou, Boule, source, coq, dorme, fort, gorge, l'ordre, mortelle, notre, porte, Rome, tour.

u, eu, Bulle, sœur, chœur, dur, furent, gruge, juste, lune, meurt, peur, rude, turent, veuve.

an, Bande, cendre, campe, danse, enfance, gance, engeance, lance, immense, intonnance, pense, rance.

in, Lingère, mince, nymphe, pince, peindre, rincèrent, tinssent, teindre, vinssent, feindre, craindre.

on, Bombe, sondre, contraire, tondre, fondre, gonfle, junte, l'onde, monde, prompte, tondre.

un, Emprunte, empruntèrent.

oi, Boire, soir, Coire, foire, goître, Loire, moitre, noir, poire.

oin, Joindre, lointaine, moindre, poindre, amoindrir, rejoindre, conjoindre, disjoindre.

ié, ieu, Bière, sieur, fier, acquierre, d'hier, lierre, lumière, pierre, rieur, tiers, rivière.

ui,oui, Suite, Suisse, cuire, cuivre, fuir, jouir, luire,
    nuire, puisèrent, ruine, vuide.

ion, Conditionnel, additionnel.

Honneur aux protecteurs des arts et des
    sciences !

————

QUATRIÈME TABLEAU.

a, Abat, rasa, attaqua, Ida ; étouffa, renégat, déjà,
    la, ma, mena, pas, rat, tas, va, chat.

é, è, Abbé, tiré, sais, quai, des, fait, gai, j'ai, les, mes
    nez, paix, Rhée, tes, vais, chez, igné.

i, Habit, si, qui, dit, fie, gui, j'y, lit, m'y, ni, pie,
    riz, t'y, vie, hachis.

o, Beau, sot, écho, dos, faux, égaux, l'eau, maux,
    traîneau, peau, blaireau, tôt, vos, chaud.

u, Bu, su, écu, dû, fut, aigu, lu, mû, nu, put,
    rue, tu, vu, échu.

ou, Boue, sous, cou, doux, fou, goût, loup, mou,
    nous, pouls, roue, tous, voue, chou.

eu ; Bœufs, ceux, queue, deux, feu, gueux, bleu, meut,
    nœud, peut, heureux, honteux, vœu, fâcheux,
    jeu.

an, Banc, cent, camp, dans, faon, gant, lent, gens,
    mens, tenant, pans, rang, temps, vent, champ.

in, Bain, sein, requin, daim, fin, gain, Mengin, nain,
    peint, reins, tins, vin, lin.

on, Bond, son, qu'on, don, font, gond, jonc, nom,
    pont, ton, rond, vont, crachons, régnons.

un, Aucun, d'un, jeun, importun, nerprun, Autun.

oi, Bois, soi, quoi, doigt, foi, joie, loi, moi, noix, poids, roi, toit, vois, choix.

oin, Soin, coin, Baudouin, foin, joint, loin, moins, poing.

ieu, Essieu, dieu, lieu, mieux, pieu, sérieux, vieux, hargneux.

ui,oui, Buis, suie, cuit, aujourd'hui, fuis, joui, lui, muids, nuit, puits, étui.

ion. Bion, Sions, fions, lion, aimions, nions, pions, rions, étions, avions, tâchions.

Puissé-je avoir inspiré l'amour et la pratique d'un art utile.

LA CHIROLOGIE.

LE mot Chirologie est formé de deux mots grecs :
de *cheir*, main ; et de *logos*, discours.

On conçoit l'importance de pouvoir discourir par
signes, et de le faire sans être aperçu que par la personne à laquelle on s'adresse ; tel est le nouveau
système que nous présentons au public, qui, nous
l'espérons, accueillera avec indulgence ce petit travail,
que nous avons fait pour l'utilité et l'agrément de la
société.

Les signes de la Chirologie n'ont aucune ressemblance avec ceux d'aucune méthode de Sténographie ;
mais ces deux arts ont cela de commun, qu'ils rendent le discours d'un homme qui parle en public,
aussi vite qu'il le prononce.

Pour obtenir ce dernier avantage, il fallait, comme
pour parvenir à écrire aussi vite que l'on parle, ré-
duire les sons de la langue à leur juste valeur, et ne
rendre absolument que ces sons ; c'est ce que nous
avons fait, en n'admettant que seize consonnes. Celles
que l'on voit sous le même signe, ayant la même prononciation, il était inutile de leur en donner un par-
ticulier à chacune ; cinq voyelles simples, en suppri-
mant le *y*, qui se rend par le signe de *i*, et le *e* muet,
inutile dans la prononciation ou qui se supplée très-

facilement; quatre voyelles nasales et huit diphthongues, en tout trente-trois signes, qui suffisent pour rendre tous les sons de la langue française.

Nos signes sont d'autant plus faciles à former et à retenir, qu'ils ont beaucoup de ressemblance avec les caractères usuels. (Voyez la planche lithographiée, et formez-les pour vous en convaincre.)

On ne regardera point, sans doute, comme une difficulté de ne peindre que les sons du discours, de représenter, par exemple, par le même signe, le son *an*, rendu dans notre langue par les syllabes *an*, *am*, *en*, *em* : c'est au contraire en quoi notre système l'emporte sur les autres, qui se contentent de donner un signe pour chaque lettre de l'alphabet, et de composer un mot d'autant de signes qu'il comporte de lettres : épellation fastidieuse, trop compliquée, et qui, en nous renvoyant au *b-a ba*, a dégoûté les amateurs d'un art aussi agréable qu'utile et avantageux.

Pour pratiquer notre Chirologie, il faut s'habituer à ne rendre absolument que les sons purs et simples de la langue, par exemple la phrase suivante : *Un bavard éternel n'exige point que vous prêtiez attention à ce qu'il dit; il se contente que vous le laissiez parler. Cet être, insupportable pour tout autre, n'est plus à charge à deux amis qui peuvent discourir par signes en sa présence,* doit être changée en celle-ci : *Un bavar étrnl nxij poin k vou prtié atansion a s kil di; il s contant k vou l lsié parlé. Ct etr insuportabl pour tout otr nè plu à charj a deu ami ki peuv discou-*

rir par sign an sa prsans. Rien n'est plus facile à lire que des phrases ainsi écrites, surtout si l'on a l'attention d'introduire par la pensée un *e* muet, ouvert ou fermé, après les consonnes qui sont sans voyelle.

On s'étudiera à bien former les signes avant de s'exercer à les exécuter promptement. Il serait à désirer que deux personnes les apprissent en même temps et ensemble. Un exercice d'une heure leur suffirait pour les connaître tous, et pouvoir discourir de cette manière.

Dans les commencements de l'exercice de cet art, il faut annoncer la fin d'un mot en passant le pouce de la main droite sous les deux premiers doigts de la main gauche; et pour annoncer la fin d'une phrase, on passera le pouce sous tous les doigts de la main droite; mais, lorsqu'on est exercé, cette précaution devient inutile.

Si, dans une société où deux personnes discourent par signes, l'une des deux est obligée de prêter son attention ailleurs, elle annoncera à l'autre qu'elle ne l'a pas comprise, en passant le pouce de la main gauche sous tous les doigts de la main droite.

Il n'est personne qui ne soit dans le cas de faire une application journalière de notre méthode de discourir par signes. Nous osons promettre que l'on en retirera des avantages incalculables. Nous allons en faire connaître quelques-uns, les bornes de cette brochure ne nous permettant pas d'entrer dans de plus longs détails.

Sans parler ici des sourds, de quelle ressource ne sera pas la Chirologie pour les personnes qui ont la poitrine faible; pour celles qui sont obligées de tenir compagnie aux malades que le moindre bruit incommode, et dont on doit ménager avec tant de soin tous les organes !

Combien de brouilleries, combien de discordes l'on évitera en pratiquant la Chirologie! Un mot lâché entre deux amis en présence d'une personne susceptible, a fomenté des haines interminables, homicides même. Soyez Chirologues avec vos amis, vous ne choquerez personne : un mot plaisant ou même innocent que vous ne pouvez retenir, ne vous fera aucun ennemi lorsque vous l'aurez communiqué tacitement.

La Chirologie rapprochera deux amis que l'étiquette et les cérémonies éloignent dans un cercle. Plus d'ennui pour les Chirologues dans ces assemblées où un fat s'empare de toute la conversation; le bruit qu'il fait, est pour eux celui d'une cascade : ni l'un ni l'autre ne les empêcheraient de s'entretenir d'objets agréables ou intéressants.

ALPHABET CHIROLOGIQUE.

VOYELLES.

A. *Les deux premiers doigts de la main droite écartés ; les autres dans la paume de la main.*

É ou È. *Le pouce dans la main droite fermée.*

I. *Le bout du pouce au-dessus des doigts de la main droite fermée.*

O. *Le pouce et l'index de la main droite se réunissant par le bout ; les autres dans la main.*

U. *La main droite élevée en écartant le pouce et l'index.*

AN, AM, etc. *L'index droit dans la main gauche fermée.*

ON, etc. *L'index gauche dans la main droite fermée.*

IN, etc. *Le petit doigt de la main droite dans la main gauche fermée.*

UN, etc. *Le petit doigt de la main gauche dans la main droite fermée.*

OU. *Les mains jointes.*

OIN. *Idem doigts en dessous.*

EU. *Idem doigts écartés.*

OI. *Les trois premiers doigts de la main droite pinçant les mêmes de la gauche.*

ÉI. *Les trois premiers doigts de la main gauche pinçant les mêmes de la droite.*

OUI, UI. *La main droite empoignant tous les doigts de la gauche.*

IA. *La main gauche couvrant la main droite.*

IEU, IU. *La main droite couvrant la main gauche.*

CONSONNES.

B. *L'index de la main droite sous la seconde jointure de l'index de la main gauche.*

C (dur), K, Q. *L'index droit sous le même doigt de la main gauche et à sa naissance.*

D. *L'index droit placé horizontalement à la dernière phalange de l'index gauche.*

F. *Le bout du pouce de la main droite à côté de la seconde articulation de l'index de la même main.*

G (dur). *L'index droit placé horizontalement au-dessus de l'index gauche.*

J, G (doux). *Les deux index placés l'un à côté de l'autre, celui de la droite devançant le gauche.*

L. *L'index gauche placé verticalement sur l'articulation du milieu de l'index droit posé horizontalement.*

M. *L'index droit placé au-dessus de tous les doigts de la main gauche.*

N. *L'index droit coupant obliquement tous les doigts de la main gauche.*

P. *L'index droit placé sur la main gauche de manière que le bout de cet index soit en haut.*

R. *L'index droit placé sur les deux premiers doigts de la main gauche jusqu'à la première jointure du grand doigt.*

S, Z, C (doux). *L'index droit posé sur le dessus de l'index gauche, la main droite en dessous.*

T. *L'index droit placé sur le gauche en forme de* T, *les autres doigts dans la paume de la main.*

V. *Les deux index se touchant par le bout pour former un* V.

X. *L'index droit placé sur le gauche en forme de* X.

CH. *L'index droit sous les deux premiers doigts de la main gauche.*

FIN.

Premier tableau. Consonnes.

Usuelles.	Sténog:	Exemples.
b.	ɑ ou ꝑ	
c. s. z.	—	
c. k. q.	ꞓ	
d.	ı	
f.	ſ ou ⌐	
g. (dur)	ꞁ	
g. j.	ꜿ	
l.	6 ou ꝺ	
m.	ơ ou ɑ̇	
n.	ꝟ	
p.	ꝗ ou ꝑ	
r.	∕	
t.	ı̇	
v.	＼	
ch.	ơ ou ꞓ	
gn.	ꝯ ou ꞃ	

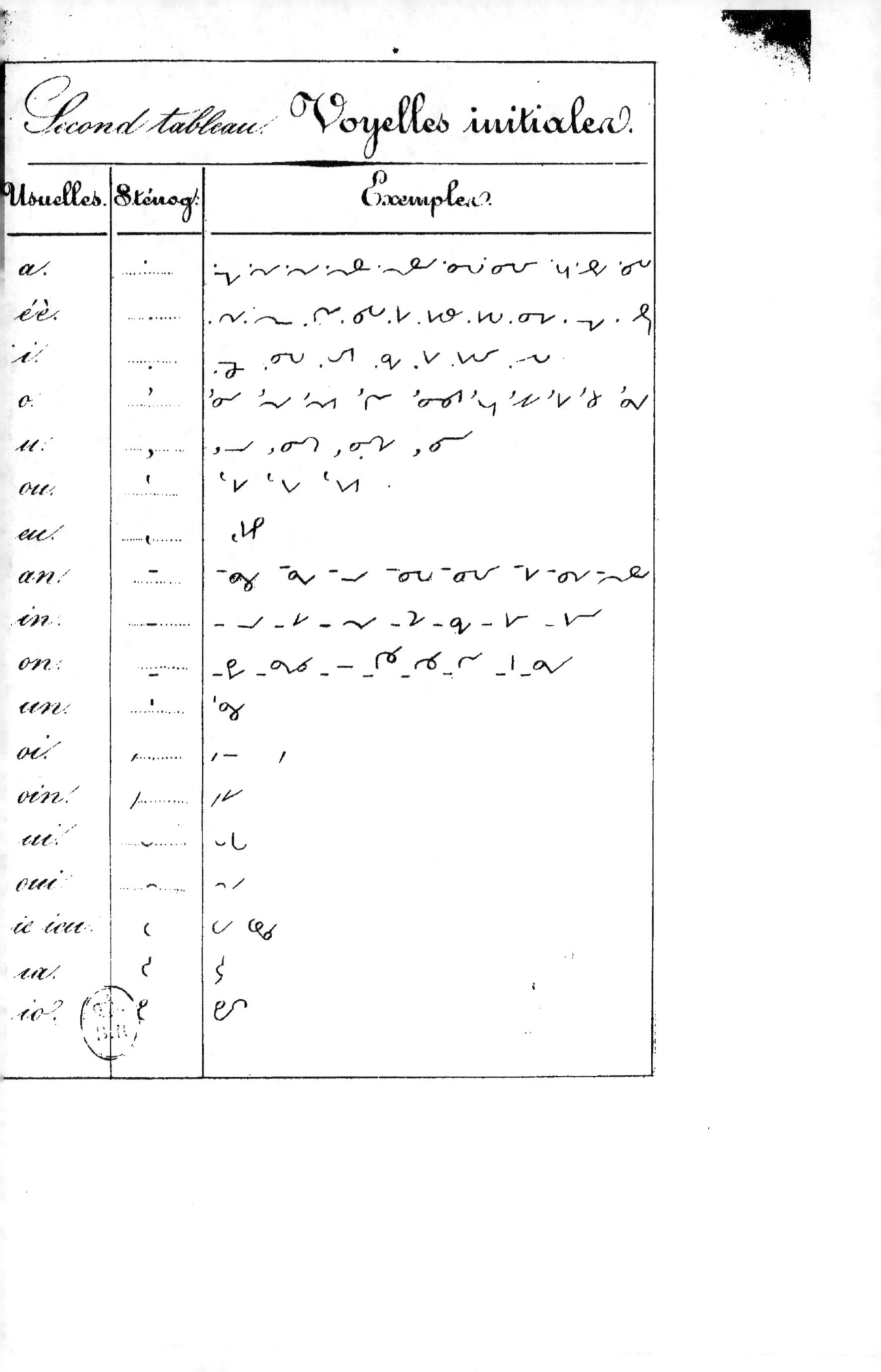

Second tableau. Voyelles initiales.

Usuelles.	Sténog:	Exemples.
a.		
éè.		
i.		
o.		
u.		
ou.		
eu.		
an.		
in.		
on.		
un.		
oi.		
oin.		
ui.		
oui.		
ie ieu.		
ua.		
io?		

Troisième tableau. Voyelles médiantes.

Usuelles.	Sténog:	Exemples.
a.		
i.		
o. ou		
u. eu		
an.		
in.		
on.		
un.		
oi.		
oin.		
ie. ieu		
ui. oui		
ion.		

Quatrième tableau. Voyelles finales.

Usuelles.	Sténog:	Exemples.
a.		
é, è.		
i.		
o.		
u.		
ou.		
eu.		
an.		
in.		
on.		
un.		
oi.		
oin		
ieu		
iu, oui.		
ion.		

Alphabet Chirologique.

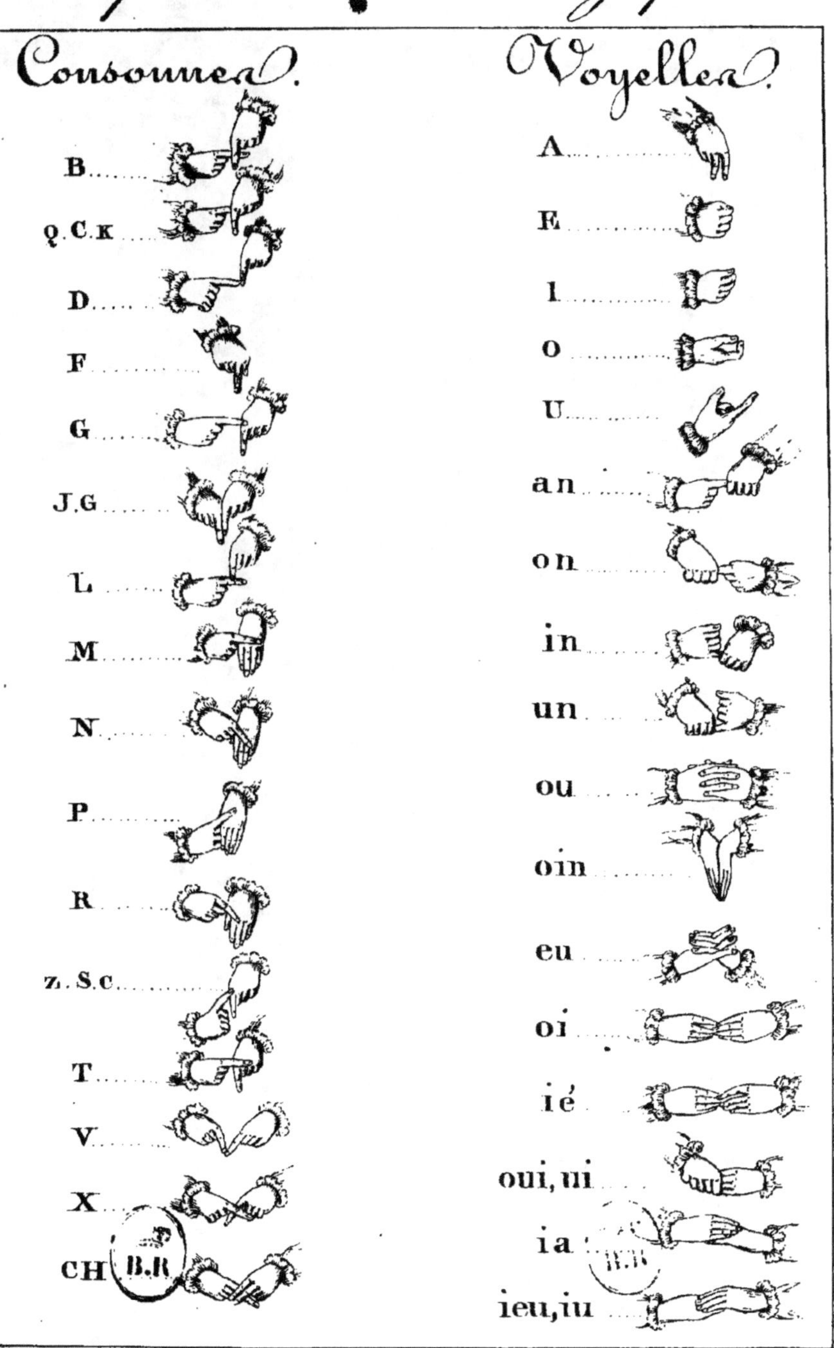